Dominique Joly

Bruno Heitz

L'Histoire de France en BD

1914-1918…
…la Grande Guerre !

casterman

À Louis Guenroc et Léon Le Champion, mes deux grands-pères, soldats de la Grande Guerre.

D.J.

À la mémoire de Georges Homand, le grand-père qui sut si bien nous raconter sa vie de poilu.

B.H.

Pour Charles Petitpas, mon grand-père sedanais, sapeur de 14-18.

J.-M.C.

Casterman
Cantersteen 47
1000 Bruxelles

www.casterman.com

ISBN 978-2-203-07576-4
N° d'édition : L.10EJDN001274.C004
Dépôt légal : février 2014
D. 2014/0053/3

Déposé au ministère de la Justice, Paris
(loi n°49.956 du 16 juillet 1949 sur les publications destinées à la jeunesse).

Achevé d'imprimer en février 2017, en France par Pollina - L79537.

Je suis un simple soldat de la Grande Guerre. Lorsque j'ai été mobilisé en août 1914, je pensais être revenu pour les vendanges, sûr de remporter une victoire rapide. Mais la guerre s'est installée. Elle a été terrible et interminable. En novembre 1918, au bout de quatre ans, nous avons vaincu les Allemands... mais que de souffrances et de morts !

Le 28 juin 1914, l'assassinat de l'archiduc François-Ferdinand, héritier de l'Empire d'Autriche, à Sarajevo, en Bosnie, est l'étincelle qui met le feu aux poudres. Il est considéré par les historiens comme la cause directe de la Première Guerre mondiale.

La France n'est pas directement concernée mais des alliances lient les pays d'Europe entre eux, ou bien les opposent.
Un attentat à Sarajevo ! Qu'est-ce qu'on a à faire là-dedans ?

La Russie, le Royaume-Uni et la France se sont engagés à s'aider mutuellement en cas de conflit. C'est la « Triple Entente » depuis 1907.

L'Allemagne, l'Autriche-Hongrie et l'Italie sont alliées depuis 1882. C'est la « Triple Alliance ». L'Europe est donc divisée en deux blocs rivaux.

Pour intimider l'autre, chacun se lance dans la course aux armements. La France allonge la durée du service militaire. L'Allemagne construit une flotte de guerre.
Je pars au service pour trois ans !
C'est notre président Poincaré qui vient de le décider.

DE GRAVES CRISES FONT MONTER LA TENSION. EN 1905 ET 1911, FRANCE ET ALLEMAGNE S'OPPOSENT POUR PRENDRE LE CONTRÔLE DU MAROC. ON CROIT LA GUERRE INÉVITABLE... AVANT QU'UN ACCORD SOIT CONCLU.
Nous aussi, nous voulons des colonies !
LA FRANCE SE SOUVIENT DE L'HUMILIATION INFLIGÉE PAR LES ALLEMANDS LORS DE LA GUERRE DE 1870. VAINCUE ET RUINÉE, ELLE A PERDU L'ALSACE ET UNE PARTIE DE LA LORRAINE.
Et dire que, là-bas, ce sont nos provinces perdues !
L'IDÉE DE REVANCHE EST ENTRETENUE DANS LES LIVRES ET LES JOURNAUX. À L'ÉCOLE, CHAQUE CARTE DE FRANCE EST RECOUVERTE DE NOIR À L'EMPLACEMENT DE L'ALSACE-LORRAINE.
En toi j'espère, ô ma noble patrie l'Alsace pleure...
LES ÉVÉNEMENTS DANS LES BALKANS, AU SUD-EST DE L'EUROPE, VONT PESER D'UN POIDS DÉCISIF DANS LE DÉCLENCHEMENT DE LA GUERRE. C'EST LÀ QUE S'AFFRONTENT LES GRANDS ÉTATS EUROPÉENS, PAR PETITS PAYS INTERPOSÉS.
AUTRICHE
EMPIRE RUSSE
HONGRIE
ROUMANIE
BOSNIE
SERBIE
MONTENEGRO
BULGARIE
MER MEDITERRANÉE
ITALIE
MER ADRIATIQUE
ALBANIE
GRÈCE
EMPIRE OTTOMAN
LA BOSNIE EST SOUS LE CONTRÔLE DE L'EMPIRE AUTRICHIEN, LA SERBIE EST SOUTENUE PAR LA RUSSIE.
Un geste, et les Autrichiens vous écrasent !
Vous allez voir, nos amis les Russes !
BOSNIE
SERBIE
C'EST POURQUOI L'ASSASSINAT DE SARAJEVO, COMMIS PAR UN SERBE DE BOSNIE, VA METTRE LE FEU AUX POUDRES. CHACUN EST PRÊT À SE JETER DANS LA GUERRE.
C'est un Serbe !
La Russie est dans le coup !
À mort !

LE 28 JUILLET 1914, L'AUTRICHE-HONGRIE DÉCLARE LA GUERRE À LA SERBIE. S'ENCLENCHE ALORS LE TERRIBLE ENGRENAGE DES ALLIANCES, LA COURSE VERS LE PRÉCIPICE...
Moi, François-Joseph, empereur d'Autriche-Hongrie, je déclare la guerre à la Serbie !
1er août
L'Allemagne qui soutient l'Autriche-Hongrie déclare la guerre à la Russie.
3 août
L'Allemagne déclare la guerre à la France
4 août
Le Royaume-Uni déclare la guerre à l'Allemagne
7 août
La Russie déclare la guerre à l'Autriche-Hongrie
EN FRANCE, BEAUCOUP DE MONDE VEUT ENCORE CROIRE À LA PAIX. SOCIALISTES, SYNDICALISTES ET PACIFISTES MANIFESTENT.
NON A LA GUERRE !
LA PAI
MAIS JEAN JAURÈS, LEUR CHEF DE FILE, EST ASSASSINÉ À PARIS LE 31 JUILLET.
CAFÉ DU CROISSANT
LE LENDEMAIN, LA MOBILISATION GÉNÉRALE EST DÉCRÉTÉE EN ALLEMAGNE ET EN FRANCE. TOUS LES HOMMES EN ÂGE DE FAIRE LA GUERRE DOIVENT SE TENIR PRÊTS.
MOBILISATION
DONG DONG DONG DONG DONG
PARTOUT, DANS LES CAMPAGNES FRANÇAISES, LES CLOCHES SONNENT LE TOCSIN. ALORS QUE LES PAYSANS SONT EN PLEINE MOISSON, ILS REÇOIVENT L'ORDRE DE SE DIRIGER VERS LES GARES DÈS LE LENDEMAIN.

C'EST EN CHANTANT ET EN PLAISANTANT QUE BEAUCOUP DE SOLDATS SE REGROUPENT. ILS DÉFILENT DANS LES RUES POUR REJOINDRE LES GARES AU MOMENT DU DÉPART.
A Berlin!
On les aura!
MAIS CHEZ LA PLUPART DES MOBILISÉS, C'EST LA STUPEUR, LA RÉSIGNATION ET LA RÉSOLUTION. CHACUN EST PROFONDÉMENT PÉNÉTRÉ DE SON DEVOIR ENVERS LA PATRIE.
Défendre notre patrie...
Nous n'avons pas le choix!
PERSUADÉS QUE LA GUERRE QUI COMMENCE SERA COURTE, ILS PENSENT QUE LEUR ABSENCE DURERA SEULEMENT QUELQUES MOIS.
Allons les gars, nous serons de retour pour les vendanges!
CHEZ LES CIVILS, LA TRISTESSE ET L'ANGOISSE DOMINENT. SELON EUX, LA FRANCE EST AGRESSÉE SANS RAISON.
Pourquoi cette guerre?
J'aimerais bien qu'on nous l'explique!
LES HOMMES POLITIQUES TENTENT DE FAIRE TAIRE LEURS OPPOSITIONS POUR RASSEMBLER LA NATION. LUTTES, GRÈVES ET REVENDICATIONS SONT SUSPENDUES.
L'heure est grave! Rassemblons-nous!
LE 26 AOÛT 1914, UN GOUVERNEMENT « D'UNION NATIONALE » EST NOMMÉ. LA PLUPART DES PARTIS POLITIQUES Y SONT REPRÉSENTÉS.
Dis donc, il y a même des socialistes!
Ça alors!
L'EUROPE ENTIÈRE EST EN GUERRE, AVEC DEUX BLOCS FACE À FACE. LA TRIPLE ENTENTE A BIEN FONCTIONNÉ, MAIS AU SEIN DE LA TRIPLE ALLIANCE, L'ITALIE HÉSITE ET RESTE NEUTRE.
Ouf!
Nous sommes neutres!

LES FORCES EN PRÉSENCE EN 1914
LES PAYS DE L'ENTENTE
LES EMPIRES CENTRAUX
3,6 MILLIONS DE FRANÇAIS. SOLDATS À PIED OU FANTASSINS EN UNIFORMES VOYANTS.
100 000 ANGLAIS (MILITAIRES PROFESSIONNELS ET VOLONTAIRES).
10 MILLIONS DE RUSSES MOBILISÉS MAIS CONCENTRÉS AVEC LENTEUR, MAL ÉQUIPÉS, MAL COMMANDÉS.
ATOUTS : énormes réserves d'hommes en Russie et dans les colonies. Maîtrise des mers, beaucoup de matières premières pour la fabrication d'armes.
3,8 MILLIONS D'ALLEMANDS EN UNIFORMES VERT-DE-GRIS MIEUX ADAPTÉS.
1,4 MILLION D'AUTRICHIENS.
ATOUTS : commandement unique. Supériorité en artillerie lourde et en mitrailleuses.
DÈS AOÛT 1914, ON COMBAT SUR PLUSIEURS FRONTS : SUR TOUTES LES MERS, SURTOUT EN MANCHE ET EN MER DU NORD.
SUR LE FRONT ORIENTAL : RUSSIE CONTRE ALLEMAGNE ET AUTRICHE-HONGRIE.
SUR LE FRONT DES BALKANS : SERBIE CONTRE AUTRICHE-HONGRIE.

SUR LE FRONT OCCIDENTAL : FRANCE CONTRE ALLEMAGNE. LÀ VONT SE DÉROULER LES ÉPISODES PRINCIPAUX DE LA GUERRE.

LES PLANS PRÉPARÉS PAR LES ÉTATS-MAJORS DE CHAQUE CAMP PRÉVOIENT UNE GUERRE COURTE, BASÉE SUR DES OFFENSIVES.
Facile !
Leicht !

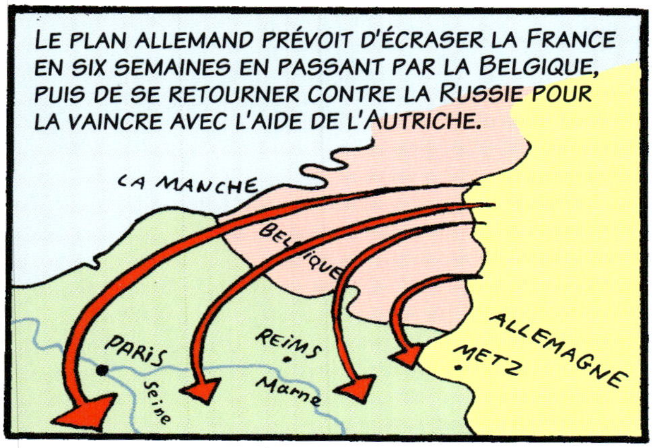
LE PLAN ALLEMAND PRÉVOIT D'ÉCRASER LA FRANCE EN SIX SEMAINES EN PASSANT PAR LA BELGIQUE, PUIS DE SE RETOURNER CONTRE LA RUSSIE POUR LA VAINCRE AVEC L'AIDE DE L'AUTRICHE.
LA MANCHE
BELGIQUE
PARIS
REIMS
METZ
ALLEMAGNE
Seine
Marne

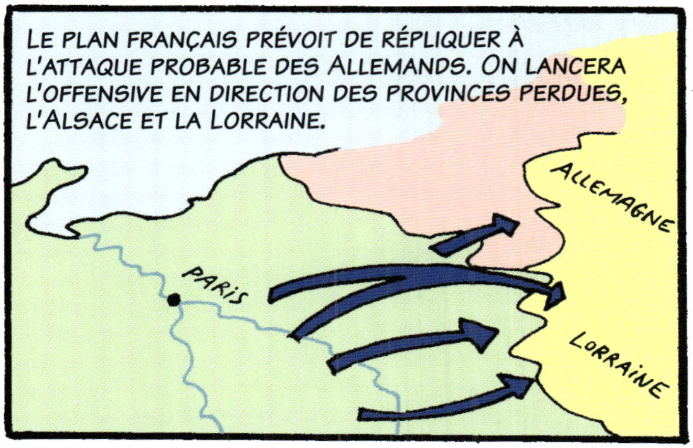
LE PLAN FRANÇAIS PRÉVOIT DE RÉPLIQUER À L'ATTAQUE PROBABLE DES ALLEMANDS. ON LANCERA L'OFFENSIVE EN DIRECTION DES PROVINCES PERDUES, L'ALSACE ET LA LORRAINE.
ALLEMAGNE
PARIS
LORRAINE

VON MOLTKE EST LE GÉNÉRALISSIME ALLEMAND, CHEF D'ÉTAT-MAJOR CHARGÉ D'APPLIQUER LE PLAN D'ATTAQUE. IL A PARTICIPÉ À LA GUERRE DE 1870.
Général Helmut Johann von Moltke, né en 1848

CÔTÉ FRANÇAIS, C'EST LE GÉNÉRAL JOFFRE QUI EST À LA MANŒUVRE. CHEF D'ÉTAT-MAJOR, IL EST PRÉSENT SUR LE TERRAIN CAR IL COMMANDE LES ARMÉES DU NORD ET DU NORD-EST.
Général Joseph Jacques Joffre, né en 1852

LA GUERRE RESSEMBLE ENCORE À CELLE DU XIXe SIÈCLE. ON COMPTE SUR LA CAVALERIE POUR LANCER LES PREMIÈRES ESCARMOUCHES. ENSUITE, L'INFANTERIE MÈNERA LES ATTAQUES ET L'ARTILLERIE AURA UN RÔLE DE SOUTIEN.

Le 4 août 1914, l'Allemagne envahit la Belgique pourtant neutre. Les Belges se soulèvent, tentent de résister mais ils ne peuvent empêcher la progression des Allemands à travers leur pays.
Vous n'avez pas le droit de passer!
Nous sommes neutres!
Indigné par l'invasion de la Belgique, le Royaume-Uni prend part à la guerre. Il envoie son armée de métier puis ses volontaires.
Here we are!*
Malgré ces renforts, les Français ne parviennent pas à contenir l'avancée allemande. Le nord de la France est envahi fin août 1914.
Au secours, revoilà les Allemands!
Joffre applique son plan. Il entre en Alsace, mais il se heurte à une riposte allemande terriblement meurtrière : 27 000 morts pour la seule journée du 22 août !
Un carnage!
Combien des nôtres y ont laissé la vie?
Le plan français s'effondre. La retraite générale est ordonnée !
Fêtons notre victoire rapide!
Chaque jour, les Allemands progressent, sûrs de leur prochaine victoire.
Mais la retraite française n'est pas une déroute. L'essentiel des troupes est préservé. Joffre préfère céder du terrain pour gagner du temps.
Pas si vite! Attendons de voir.

*Nous voilà!

LE 2 SEPTEMBRE 1914, LES PREMIERS SOLDATS SONT À MEAUX ET À SENLIS, À 50 KM DE PARIS. LE GOUVERNEMENT FRANÇAIS QUITTE LA CAPITALE ET SE RÉFUGIE À BORDEAUX.
À Bordeaux ! Nous y serons à l'abri !
JOFFRE APPREND QU'UNE PARTIE DE L'ARMÉE ALLEMANDE A CHOISI DE CONTOURNER PARIS PAR L'EST. C'EST UNE OCCASION INESPÉRÉE : IL DÉCIDE DE CONTRE-ATTAQUER.
Général, c'est incroyable ! Les Allemands évitent Paris !
IL CHOISIT LA MARNE POUR LIVRER BATAILLE ET PEUT COMPTER SUR LES ANGLAIS QUI ONT DÉCIDÉ DE RESTER POUR COMBATTRE AUX CÔTÉS DES FRANÇAIS.
Alors vous ne rentrez pas en Angleterre ?
ENTRE LE 6 ET LE 12 SEPTEMBRE, LA BATAILLE DE LA MARNE FAIT RAGE. QUAND UNE BRÈCHE SURVIENT ENTRE DEUX ARMÉES ALLEMANDES… LES ALLIÉS S'Y ENGOUFFRENT.
!
LA RETRAITE ALLEMANDE EST ORDONNÉE. LA VICTOIRE EST DUE AUX TRAINS QUI ONT PERMIS LE TRANSPORT RAPIDE DES TROUPES…
… ET EN PARTIE AUX 600 TAXIS PARISIENS RÉQUISITIONNÉS PAR GALLIENI, GOUVERNEUR DE PARIS, POUR TRANSPORTER AU PLUS VITE DES TROUPES FRAÎCHES. MAIS IL NE FAUT PAS EXAGÉRER LEUR IMPORTANCE DANS LE SORT DE LA BATAILLE.

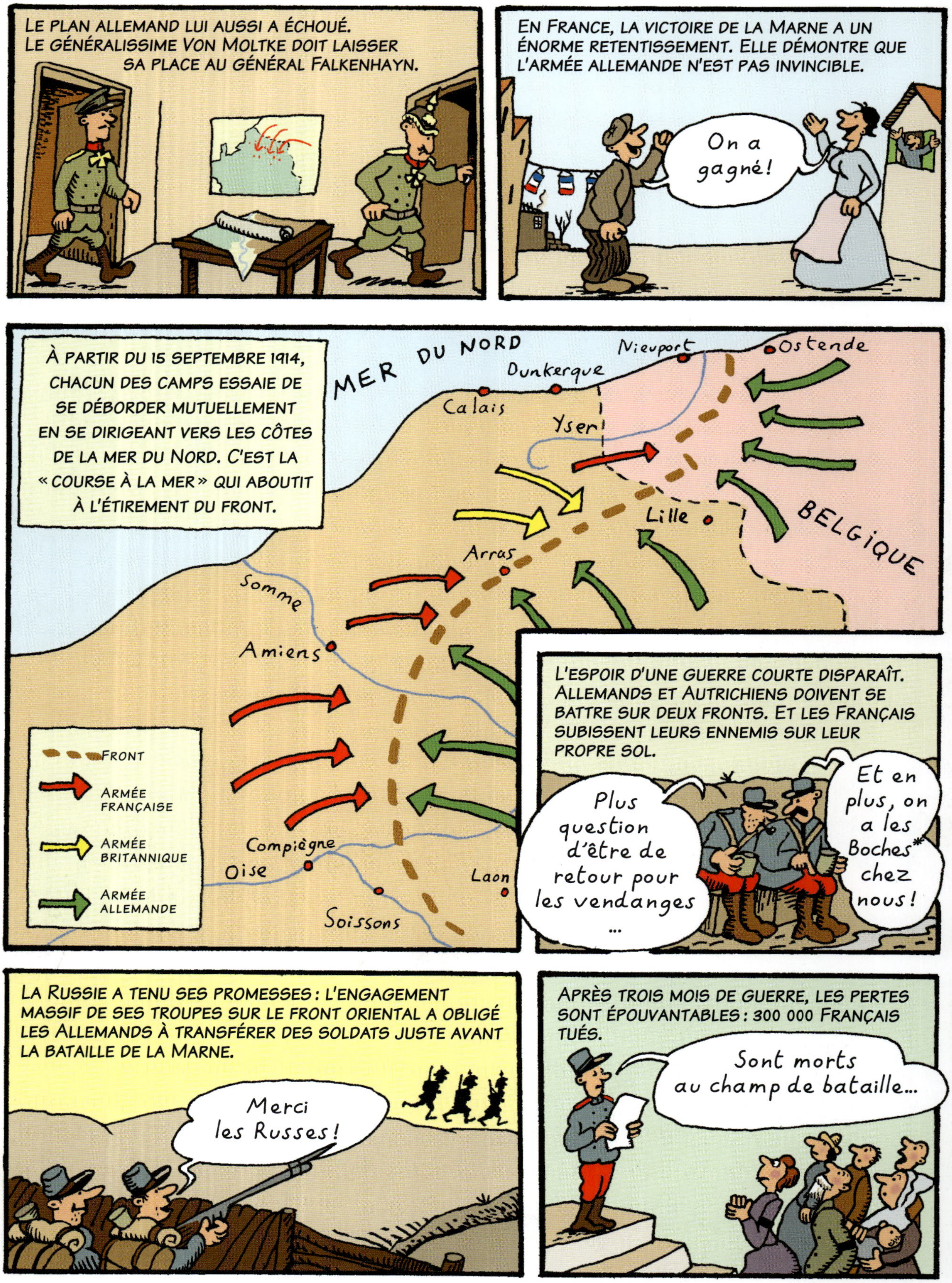

*Boches : surnom donné aux Allemands.

LES ARMÉES SONT FACE À FACE SUR UN FRONT DE 700 KM. POUR LE PROTÉGER, ELLES S'IMMOBILISENT EN S'ENTERRANT.
Qu'est-ce qu'on fait maintenant, caporal ?
On reste là, on ne bouge plus !
DÉCEMBRE 1914 : LA GUERRE CHANGE DE CARACTÈRE. À LA « GUERRE DE MOUVEMENT » SUCCÈDE LA « GUERRE DE POSITION » JUSQU'EN 1918.
Puisque nous y sommes forcés, passons de l'offensive... à la défensive !
AU CŒUR DE CE SYSTÈME : LA TRANCHÉE, UN FOSSÉ FORTIFIÉ CREUSÉ DANS LA TERRE. DANS LES GUERRES DE SIÈGE DES SIÈCLES PASSÉS, ELLE A SOUVENT ÉTÉ UTILISÉE.
Travail de Romain...
CE QUI EST NOUVEAU, C'EST LA CONSTRUCTION, SUR TOUTE LA LONGUEUR DU FRONT, D'UN RÉSEAU COMPLIQUÉ DE LIGNES DE TRANCHÉES PLUS OU MOINS AMÉNAGÉES. PENDANT 4 ANS, DES MILLIONS DE SOLDATS VONT Y VIVRE, Y COMBATTRE ET Y MOURIR.
LES ALLEMANDS S'ADAPTENT VITE. LEURS TRANCHÉES SONT BIEN CONSTRUITES, SOUVENT RENFORCÉES PAR DU BÉTON, PARFOIS ÉQUIPÉES DU CHAUFFAGE ET DE L'ÉLECTRICITÉ !
LES FRANÇAIS NE SE DONNENT PAS LA PEINE DE BIEN LES INSTALLER CAR ILS PENSENT QU'ELLES SONT PROVISOIRES ET QUE LA GUERRE DE MOUVEMENT REPRENDRA BIENTÔT.
Creusons un abri ici pour dormir. Ça suffira bien.

TRANCHÉE DE DEUXIÈME LIGNE
TALUS RENFORCÉ POUR ÉVITER LES ÉBOULEMENTS
BOYAU DE COMMUNICATION
TRANCHÉES DE PREMIÈRE LIGNE
CÔTÉ ALLEMAND
NO MAN'S LAND : espace séparant les lignes, avec des barbelés
POSTE D'ÉCOUTE ET D'OBSERVATION DE L'ENNEMI
CÔTÉ FRANÇAIS
TOURELLE BLINDÉE D'OBSERVATION
TRANCHÉE DE DEUXIÈME LIGNE
BLOCKHAUS ABRITANT MITRAILLEUSES ET CANONS
PARAPET OÙ L'ON SE RELAIE JOUR ET NUIT POUR OBSERVER L'ENNEMI
ABRI SOUTERRAIN AVEC COUCHETTES (CAGNA)

CETTE FORME DE GUERRE OBLIGE LES ARMÉES À S'ADAPTER. L'ARTILLERIE DISPOSE D'ÉNORMES CANONS ET OBUS, LES SOLDATS LANCENT DES GRENADES, TIRENT AU FUSIL ET À LA MITRAILLEUSE.
LES LANCE-FLAMMES ET LES GAZ ASPHYXIANTS SONT REDOUTÉS. ILS SONT UTILISÉS POUR LA PREMIÈRE FOIS PAR LES ALLEMANDS EN AVRIL 1915.
ALERTE AUX GAZ !
DONG DONG DONG
Mettez vos masques !
DANS LE CIEL, LES AVIONS EN SONT À LEURS DÉBUTS. AVEC LES BALLONS CAPTIFS, ILS SERVENT À OBSERVER LES LIGNES ENNEMIES ET LES MOUVEMENTS DE TROUPES.
AU FIL DES MOIS, LES AVIONS PROGRESSENT. ILS ONT DE NOUVELLES MISSIONS : AIDER AU RÉGLAGE DES TIRS D'ARTILLERIE,...
... PHOTOGRAPHIER, BOMBARDER...
LES UNIFORMES SE MODIFIENT POUR MIEUX PROTÉGER ET ÊTRE MOINS VISIBLES. LA CAPOTE ET LE PANTALON BLEU HORIZON, AINSI QUE LE CASQUE EN ACIER, FONT LA NOUVELLE SILHOUETTE DU SOLDAT FRANÇAIS. ON LE SURNOMME DÉSORMAIS « LE POILU », LE COURAGEUX, LE VIRIL.
CASQUE EN ACIER
GAMELLE EN TÔLE ÉMAILLÉE
FUSIL LEBEL 1893
COUVERTURE
PELLE
HAVRESAC
GIBECIÈRE
BIDON
CAPOTE EN DRAP BLEU HORIZON
ÉTUI À MASQUE À GAZ
BANDES MOLLETIÈRES
BRODEQUINS EN CUIR AVEC SEMELLES CLOUTÉES

*La gnôle : eau de vie, alcool très fort.

QUAND LA TRANCHÉE ADVERSE EST CONQUISE, LES « NETTOYEURS » S'ASSURENT QU'ELLE EST VIDÉE DE SES OCCUPANTS POUR EMPÊCHER TOUTE CONTRE-ATTAQUE. LA DEUXIÈME VAGUE D'ASSAUT L'OCCUPE PUIS LA « RETOURNE » POUR QU'ELLE SOIT INTÉGRÉE À SON CAMP.
COMMENT TROUVER LA FORCE DE TENIR DANS CES CONDITIONS TERRIBLES ? LES SOLDATS LA PUISENT DANS L'ATTACHEMENT À LA PATRIE, INSÉPARABLE DE LA HAINE ENVERS L'ENNEMI.
On les aura !
LES SALES BOCHES !
ILS TIENNENT SURTOUT GRÂCE À LA SOLIDARITÉ, LA FRATERNITÉ, L'AMITIÉ DES COMPAGNONS AVEC LESQUELS ILS SE BATTENT, SOUFFRENT ET MEURENT.
Belote...
BAOUM
... et rebelote !
ON ÉCRIT BEAUCOUP, SURTOUT EN PÉRIODE CALME. LETTRES À LA FAMILLE, JOURNAUX INTIMES, CARNETS ET JOURNAUX DES TRANCHÉES. CÔTÉ FRANÇAIS, 400 SONT ÉDITÉS.
Le 20 août 1915... ma très chère bien-aimée...
POUR TROMPER LA PEUR ET L'ENNUI, LES PLUS ADROITS BRICOLENT TOUTES SORTES D'OBJETS : BRIQUETS, BOÎTES, MÉDAILLES, PIPES, JOUETS, INSTRUMENTS DE MUSIQUE...
Tiens, et si je faisais un violon avec ce bidon ?
POUR SE DONNER DU COURAGE, D'AUTRES PRIENT. ON INVOQUE LE SECOURS DE DIEU, ON ASSISTE À LA MESSE, CÉLÉBRÉE PAR DES AUMÔNIERS EUX-AUSSI COMBATTANTS.
AU BOUT D'UNE QUINZAINE DE JOURS EN PREMIÈRE LIGNE, LES SOLDATS SONT RELEVÉS PAR D'AUTRES ET PEUVENT SE REPOSER À L'ARRIÈRE DU FRONT. MAIS LE MOMENT LE PLUS ATTENDU EST LA PERMISSION QUI DURE HUIT JOURS.
HOURRA ! J'ai ma perme !
Tu vas prendre du bon temps !

LA GUERRE DES TRANCHÉES PREND DEUX FORMES : FAIRE AVANCER LA LIGNE DE FRONT PAR DES OPÉRATIONS DE « GRIGNOTAGE » OU BIEN LANCER DE GRANDES OFFENSIVES.
Tu sais ce qu'ils veulent nous faire faire ?
Ouais. À ce qu'il paraît, on va faire du grignotage...
LE GRIGNOTAGE VISE DES OBJECTIFS MODESTES : UNE PLAINE, UN BOIS, UNE HAUTEUR. MAIS POUR UNE AVANCÉE DE QUELQUES CENTAINES DE MÈTRES, LES COMBATS SONT ACHARNÉS ET LES PERTES EFFROYABLES.
On les grignote, on les grignote !
LES GRANDES OFFENSIVES TENTENT DE PERCER LE FRONT, POUR CRÉER UNE RUPTURE ET PRENDRE L'ENNEMI À REVERS. AINSI, FRANÇAIS ET ANGLAIS ATTAQUENT EN ARTOIS ET EN CHAMPAGNE EN 1915. EN VAIN.
EN LANÇANT UNE GRANDE OFFENSIVE À VERDUN LE 21 FÉVRIER 1916, LES ALLEMANDS ENGAGENT LA PLUS GRANDE BATAILLE DE LA GUERRE DES TRANCHÉES.
Les Français ne tiendront pas longtemps ! Il faut les épuiser, les saigner à mort !
Kaput !
ILS ONT CHOISI VERDUN CAR C'EST UNE PLACE FORTE QUI, POUR LES FRANÇAIS, A VALEUR DE SYMBOLE : UN LIEU STRATÉGIQUE À LA FRONTIÈRE, ÂPREMENT DÉFENDU ET QUI SERA CONSERVÉ COÛTE QUE COÛTE.
JUSQU'EN DÉCEMBRE 1916, LES COMBATTANTS DE CHAQUE CAMP VIVENT L'ENFER. ATTAQUES ET CONTRE-ATTAQUES SE SUCCÈDENT AU PRIX D'HORREURS ET DE SOUFFRANCES INOUÏES.

*Allons-y les gars !

*Qu'est-ce que tu as dit ?

DE L'AUTRE CÔTÉ DU FRONT, JUSTE À L'ARRIÈRE DES LIGNES DE COMBAT, LES POPULATIONS SONT ÉVACUÉES. ELLES SE RÉFUGIENT DANS DES ZONES OÙ L'ON S'EFFORCE DE LEUR TROUVER UN TOIT ET DU TRAVAIL...
Il faut quitter vos maisons ! Vous êtes trop près du front !
DANS LES CANTONNEMENTS DE REPOS, LES SOLDATS PEUVENT, APRÈS DE LONGS JOURS EN PREMIÈRE LIGNE, SE REPOSER EN SÉCURITÉ.
Enfin on va pouvoir se laver !
Ce ne sera pas du luxe...
ON Y ORGANISE DES MATCHS DE FOOT, DES SPECTACLES, CINÉMA, THÉÂTRE, MUSIC-HALL... QUI SONT DONNÉS PAR DES CIVILS OU DES SOLDATS DÉSIREUX DE DISTRAIRE LEURS CAMARADES.
Hé la Madelon, sers-nous à boire !
DES COMMERÇANTS AMBULANTS, LES « MERCANTI », PROPOSENT AUX SOLDATS DES OBJETS ET DES VIVRES POUR AMÉLIORER L'ORDINAIRE.
C'est cher...
Je n'achète rien. J'ai reçu un colis du pays.
DANS LES POSTES DE SECOURS, MÉDECINS ET INFIRMIERS TENTENT DE SOULAGER LES BLESSÉS AVANT QU'ILS SOIENT ÉVACUÉS À L'ARRIÈRE DANS LES HÔPITAUX.
Patience ! Le médecin va arriver.
LES VILLES PROCHES DU FRONT SONT COPIEUSEMENT BOMBARDÉES, COMME NANCY. DES MONUMENTS HISTORIQUES COMME LE BEFFROI D'ARRAS OU LA CATHÉDRALE DE REIMS SONT GRAVEMENT ENDOMMAGÉS.
La tête de l'ange...
L'Ange au sourire ?
Oui ! Elle est détruite !

À L'ARRIÈRE, LES FEMMES DOIVENT S'OCCUPER DE LEURS MAISONS ET DE LEURS ENFANTS TOUT EN REMPLAÇANT LES HOMMES À L'USINE ET SURTOUT AUX CHAMPS. L'ABSENCE DES CHEVAUX RÉQUISITIONNÉS REND LES TRAVAUX AGRICOLES ENCORE PLUS PÉNIBLES.
Après les vendanges, les labours…
Courage… Pense à ton Jojo qui est au front !
À L'ARRIÈRE, ON SOUFFRE AUSSI DES RESTRICTIONS MAIS, PLUS ENCORE, DE L'ABSENCE DU MARI, DU PÈRE OU DU FILS.
Je crois que c'est de votre fiston !
LES HOMMES TROP ÂGÉS POUR SE BATTRE REMPLACENT LES MOBILISÉS : INSTITUTEURS OU MÉDECINS À LA RETRAITE REPRENNENT DU SERVICE.
C'est moi qui vais remplacer votre maître.
DES BÉNÉVOLES, SURTOUT DES FEMMES, RECRUTÉES PAR LA CROIX-ROUGE ET DES ASSOCIATIONS, PROPOSENT LEUR AIDE DANS LES HÔPITAUX. ELLES CHANGENT LES PANSEMENTS, LAVENT ET RÉCONFORTENT LES BLESSÉS…
Ah ! Je vois qu'aujourd'hui vous souriez. C'est bon signe !
IL Y A AUSSI LES « MARRAINES DE GUERRE » : DES FEMMES QUI ÉCRIVENT À DES SOLDATS DU FRONT POUR LES SOUTENIR. ELLES ENVOIENT AUSSI DES COLIS.
Un saucisson, un pot de confiture, du pâté… Il va être content, mon poilu.
MÊME LES ENFANTS SONT APPELÉS À ÉCRIRE AUX COMBATTANTS, À LEUR TRICOTER CHAUSSETTES OU ÉCHARPES… LES LYCÉENS APPRENNENT À MANIER LE FUSIL.

Sur les villes de l'arrière, gonflées par le flot des réfugiés, pleuvent les bombes. Paris subit des bombardements causés par les avions et dirigeables allemands et par les canons. Ils font plus de 1 700 victimes.
ALERTE! Bombardement!
Toutes les familles vivent dans l'angoisse de la « mauvaise nouvelle ». L'absence de courrier, l'annonce d'une offensive augmentent l'inquiétude.
Toujours rien!
Dire que ça fait deux mois sans lettre...
Dans les villages, c'est le maire qui est chargé d'annoncer les pertes.
DING
Quelle tristesse...
C'est le dixième depuis le début du mois.
Certaines familles voient plusieurs de leurs fils tomber sur les champs de bataille. Il faut parfois de longs mois pour savoir où sont leurs tombes.
Et dire qu'il y en a trois de moins...
On s'habille de noir et on cherche une consolation en se tournant vers Dieu, en renforçant sa foi envers la patrie.
Si jeune et déjà en noir...
Quand le mari ou le fils est porté disparu, c'est presque un soulagement. Cela signifie souvent qu'il est prisonnier. De fait, 500 000 soldats français sont détenus dans des camps en Allemagne.
Chers parents, je vous écris d'Allemagne du camp de Schneidemühl où je suis prisonnier...
Comment tu écris Schneide...?

L'ÉCONOMIE DU PAYS EST MISE TOUT ENTIÈRE AU SERVICE DE LA GUERRE, CAR IL FAUT FOURNIR LE FRONT EN ARMES, RAVITAILLER SOLDATS ET POPULATIONS CIVILES. C'EST LA TÂCHE DE L'ÉTAT QUI DIRIGE ET ORGANISE L'ÉCONOMIE.
Retroussons-nous les manches !
On n'a pas le choix !
FOURNIR LE FRONT, C'EST ORGANISER LES APPROVISIONNEMENTS EN MATIÈRES PREMIÈRES (FER, CHARBON) NÉCESSAIRES À LA FABRICATION DES ARMES. LES COLONIES SONT MISES À CONTRIBUTION POUR COMPENSER LA PERTE DES RÉGIONS PRODUCTIVES.
Heureusement qu'on a les colonies !
C'EST AUSSI FAIRE DES COMMANDES AUX FABRICANTS D'ARMES ET DE MUNITIONS, CONVERTIR DES INDUSTRIES CIVILES EN INDUSTRIES DE GUERRE.
Qu'est-ce que vous produisez ici ?
Des casseroles.
Très bien. Vous ferez des obus.
C'EST MOBILISER TOUTE LA MAIN-D'ŒUVRE DISPONIBLE : FEMMES, ENFANTS, PERSONNES ÂGÉES, OUVRIERS RETIRÉS DU FRONT, PRISONNIERS DE GUERRE, RÉFUGIÉS ET TRAVAILLEURS ÉTRANGERS OU VENUS DES COLONIES.
Tu sais comment on nous appelle ?
Oui : les munitionnettes.
C'EST ENCORE ALLONGER LA DURÉE DU TRAVAIL DE 12 À 14 HEURES ET GÉNÉRALISER LE TRAVAIL DE NUIT. ON PRODUIT AINSI 100 000 OBUS PAR JOUR DÈS 1915.
Il est 11 h du soir...
Et on travaille depuis 9 h ce matin !
L'ÉTAT ORGANISE LE RATIONNEMENT, RÉQUISITIONNE LE BLÉ POUR FAIRE FACE AU MANQUE DE VIVRES ET ÉVITER QUE LES PRIX NE MONTENT TROP.
Avec ces tickets, j'ai droit à du pain et du sucre.
Voyons voir...

LA GUERRE COÛTE TRÈS CHER ET LA DÉPENSE NATIONALE AUGMENTE EN FLÈCHE. COMMENT PAYER ? IL FAUT RECOURIR À L'IMPÔT EN ÉVITANT D'AGGRAVER LE MÉCONTENTEMENT.
Tu as vu ? Il y a un impôt sur le revenu, à présent !
Oh, si ce n'est que provisoire...
L'ÉTAT PEUT AUSSI LANCER DES EMPRUNTS AUPRÈS DES FRANÇAIS. MAIS C'EST RISQUER DE SE METTRE EN SITUATION D'ENDETTEMENT DURABLE...
VERSEZ VOTRE OR
Le général Berthelot a versé 1000 francs !
L'ÉTAT FAIT AUSSI MARCHER LA « PLANCHE À BILLETS » EN MULTIPLIANT LA MONNAIE EN CIRCULATION. EN CONSÉQUENCE, LES PRIX S'ENVOLENT. DANS TOUTE LA FRANCE, POUR LES POPULATIONS CIVILES MÉCONTENTES, C'EST LA VENUE DE LA « VIE CHÈRE ».
Hier, c'était juste UN franc !
Aujourd'hui, c'est deux... C'est la vie...
La vie chère, oui !
2F
1F
3
POUR FAIRE TENIR L'ARRIÈRE ET CONTENIR LA COLÈRE, L'ÉTAT AGIT SUR L'OPINION PAR LA PROPAGANDE.
On les aura !
LA PROPAGANDE GLORIFIE LA PATRIE. ELLE CACHE L'HORREUR DES COMBATS, INSISTE SUR LES VICTOIRES, FAIT PASSER LES POILUS ET LEURS CHEFS POUR DES HÉROS...
Tu parles d'un bourrage de crâne !
On voit que ce n'est pas eux qui sont dans la gadoue !
CETTE PROPAGANDE SE FAIT À L'AIDE D'AFFICHES, DE FILMS D'ACTUALITÉ ET PAR LE BIAIS DE LA PRESSE, SOUMISE À LA CENSURE. LES LETTRES ÉCRITES PAR LES SOLDATS AU FRONT SONT TRÈS SURVEILLÉES. POUR LES ENFANTS, ON FABRIQUE DES JEUX, DES JOUETS ET DES LIVRES QUI ÉVOQUENT LA GUERRE.
Tu peux me rendre mon livre « Bécassine mobilisée » ?
Oui, mais viens jouer au jeu de l'Oie.
Au jeu de l'Oie ? Bah...
C'est le jeu de l'Oie DES ALLIES !
JUSQU'AU BOUT !

LA PROPAGANDE AGIT SUR LES ESPRITS MAIS, PLUTÔT QUE DE LES ORIENTER, ELLE VIENT RENFORCER LE SENTIMENT PATRIOTIQUE PROFONDÉMENT ANCRÉ. C'EST CE SENTIMENT-LÀ QUI AIDE LES CIVILS FRANÇAIS À SUPPORTER LA GUERRE.
On n'a pas besoin qu'ils nous disent qu'on doit aimer la patrie.
On l'aime, on y est attachés !
MALGRÉ LA CENSURE, ILS CONNAISSENT LA RÉALITÉ DU FRONT. À TRAVERS LES MORTS ANNONCÉES CHAQUE JOUR, LES RÉCITS DES SOLDATS EN PERMISSION ET LES ROMANS.
Pauvres petits...
C'est horrible !
Henri Barbusse
LE FEU
APRÈS LES COMBATS TITANESQUES DE 1916, LES ALLIÉS SONT BIEN DÉCIDÉS À METTRE FIN À LA GUERRE. MAIS DES ÉVÈNEMENTS IMPORTANTS SURVIENNENT EN 1917, VITE SURNOMMÉE « L'ANNÉE TERRIBLE ».
Que va nous réserver cette nouvelle année ?
1917
1er
JANVIER
SUR LE FRONT ORIENTAL, UNE DOUBLE RÉVOLUTION SECOUE LA RUSSIE EN FÉVRIER ET EN OCTOBRE.
Halte aux privations !
ELLE A POUR CONSÉQUENCE L'ABDICATION DU TSAR NICOLAS II. SON ARMÉE A SUBI DES PERTES EFFROYABLES.
1,7 million de morts depuis 1914 !
On ne peut plus continuer comme ça.
LES SOLDATS RUSSES VEULENT LA PAIX. ILS N'OBÉISSENT PLUS À LEURS COMMANDANTS ET DÉSERTENT EN MASSE. CERTAINS FRATERNISENT MÊME AVEC LEURS ENNEMIS, LES ALLEMANDS.
Nous rendons nos fusils !
Nous désertons !

* BOLCHEVIKS : EN RUSSIE, LES RÉVOLUTIONNAIRES LES PLUS RADICAUX.

EN FRANCE, 1917 EST UNE ANNÉE NOIRE, DOMINÉE PAR LE DÉGOÛT, LA LASSITUDE EXTRÊME ET LA DÉSUNION. L'ARMÉE ELLE-MÊME EST SECOUÉE PAR DES CRISES GRAVES.
DÉSESPOIR ET DÉGOÛT CHEZ LES SOLDATS FACE À L'OBSTINATION DU GÉNÉRAL NIVELLE, LEUR NOUVEAU CHEF. EN AVRIL, CELUI-CI LANCE UNE GRANDE OFFENSIVE AU CHEMIN DES DAMES, ENTRE SOISSONS ET REIMS.
TRÈS VITE, L'ATTAQUE SE BRISE SUR LES DÉFENSES ALLEMANDES. MAIS NIVELLE S'OBSTINE PENDANT PLUS D'UN MOIS. C'EST UN ÉCHEC ET UN CARNAGE : 200 000 FRANÇAIS MEURENT.
EN MAI 1917, UN VENT DE MUTINERIE SE LÈVE. LA MOITIÉ DES RÉGIMENTS EST TOUCHÉE. 350 000 SOLDATS PROTESTENT CONTRE L'INCOMPÉTENCE DES OFFICIERS ET LEUR MÉPRIS ENVERS EUX.
Ça suffit !
Il faut refuser d'obéir !
NIVELLE EST REMPLACÉ PAR LE GÉNÉRAL PÉTAIN. CELUI-CI AMÉLIORE LA NOURRITURE DES SOLDATS, RÉORGANISE LES PERMISSIONS, VISITE ET ENCOURAGE LES TROUPES. IL GAGNE UNE GRANDE POPULARITÉ.
MAIS PÉTAIN PUNIT AUSSI. LES MENEURS SONT DÉPLACÉS VERS D'AUTRES RÉGIMENTS. D'AUTRES SONT JUGÉS. 554 CONDAMNÉS À MORT, 49 FUSILLÉS. LE COMBLE DE L'HORREUR POUR DES HOMMES QUI SE SONT BATTUS AVEC COURAGE.

À L'ARRIÈRE, ON EN VIENT À CROIRE QUE LA GUERRE NE FINIRA JAMAIS. LE PACIFISME GAGNE DU TERRAIN. ON RÉCLAME LA PAIX.
LA PAIX!
À bas la guerre!
LA COLÈRE MONTE, CAUSÉE PAR LE RATIONNEMENT, LA HAUSSE DES PRIX, LES LONGUES JOURNÉES DE TRAVAIL...
On se tue au travail...
Et les marchands d'armes encaissent les bénéfices!
DANS LES ATELIERS ET LES USINES, DES GRÈVES SURVIENNENT. ELLES SONT SOUVENT MENÉES PAR DES FEMMES. CES MOUVEMENTS FRAGILISENT LES GOUVERNEMENTS QUI SE SUCCÈDENT.
L'UNION SACRÉE VOLE EN ÉCLATS. DEPUIS 1914, ELLE RASSEMBLAIT DANS LES GOUVERNEMENTS LES PARTIS DE TOUTES TENDANCES.
Puisque c'est comme ça, l'Union sacrée, c'est fini!
J'allais vous le dire!
Lâche!
EN NOVEMBRE 1917, SOCIALISTES ET CATHOLIQUES SE RETIRENT DU NOUVEAU GOUVERNEMENT PRÉSIDÉ PAR GEORGES CLÉMENCEAU.
Paraît que c'est Clémenceau, le nouveau chef du gouver-nement.
Le Tigre? ça va rugir!
CLÉMENCEAU EST UN POLITICIEN RESPECTÉ. ÂGÉ DE 76 ANS, « LE TIGRE » APPARAÎT COMME LE SEUL RECOURS EN RAISON DE SON EXPÉRIENCE ET DE SON CARACTÈRE BIEN TREMPÉ. SON AMBITION : RESSOUDER LA NATION ET RANIMER L'ESPOIR, AU FRONT COMME À L'ARRIÈRE.

*Nach Frankreich : direction la France !

*Mon cher Pétain, je pense que...

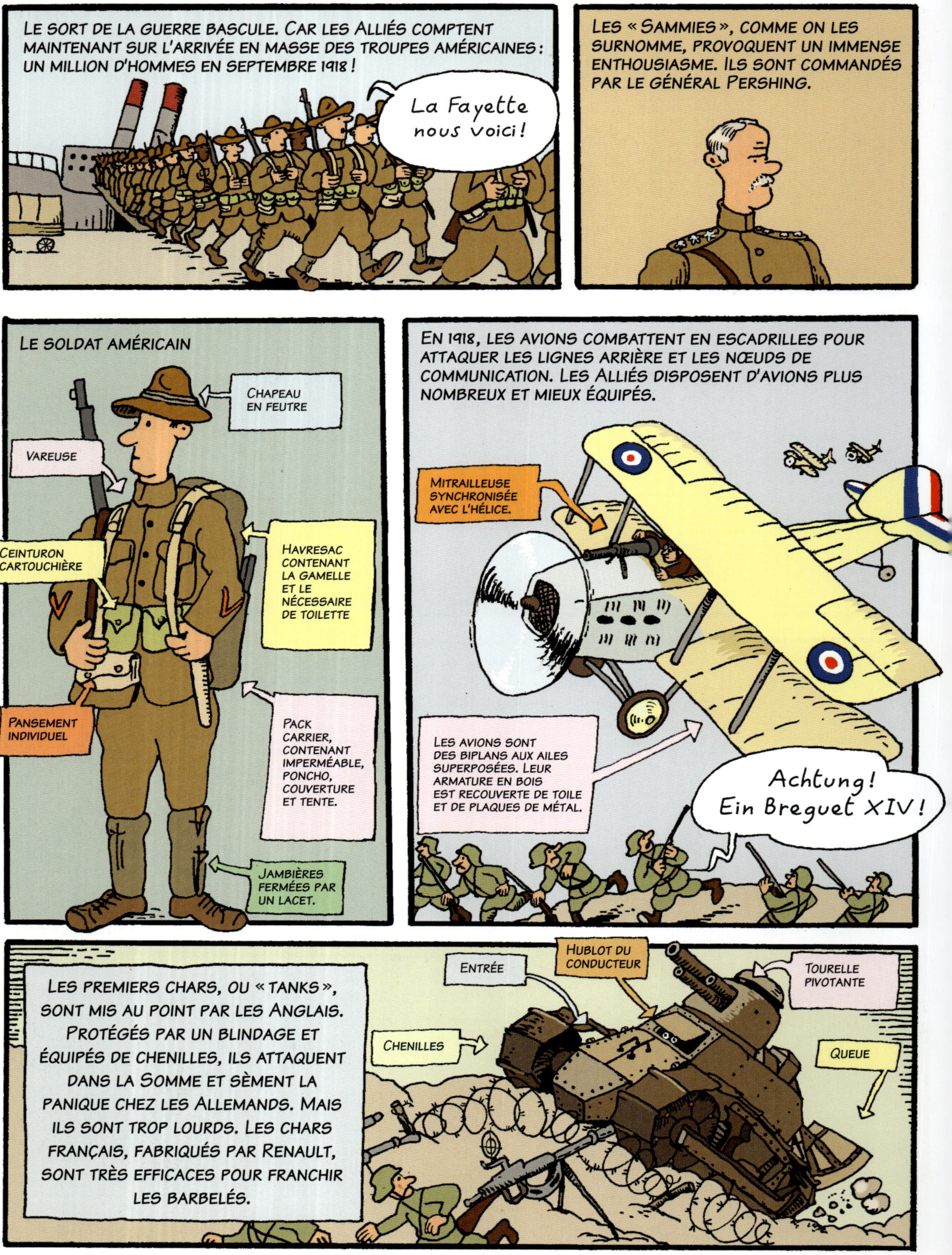

LE SORT DE LA GUERRE BASCULE. CAR LES ALLIÉS COMPTENT MAINTENANT SUR L'ARRIVÉE EN MASSE DES TROUPES AMÉRICAINES : UN MILLION D'HOMMES EN SEPTEMBRE 1918 !
La Fayette nous voici !
LES « SAMMIES », COMME ON LES SURNOMME, PROVOQUENT UN IMMENSE ENTHOUSIASME. ILS SONT COMMANDÉS PAR LE GÉNÉRAL PERSHING.
LE SOLDAT AMÉRICAIN
CHAPEAU EN FEUTRE
VAREUSE
CEINTURON CARTOUCHIÈRE
HAVRESAC CONTENANT LA GAMELLE ET LE NÉCESSAIRE DE TOILETTE
PANSEMENT INDIVIDUEL
PACK CARRIER, CONTENANT IMPERMÉABLE, PONCHO, COUVERTURE ET TENTE.
JAMBIÈRES FERMÉES PAR UN LACET.
EN 1918, LES AVIONS COMBATTENT EN ESCADRILLES POUR ATTAQUER LES LIGNES ARRIÈRE ET LES NŒUDS DE COMMUNICATION. LES ALLIÉS DISPOSENT D'AVIONS PLUS NOMBREUX ET MIEUX ÉQUIPÉS.
MITRAILLEUSE SYNCHRONISÉE AVEC L'HÉLICE.
LES AVIONS SONT DES BIPLANS AUX AILES SUPERPOSÉES. LEUR ARMATURE EN BOIS EST RECOUVERTE DE TOILE ET DE PLAQUES DE MÉTAL.
Achtung ! Ein Breguet XIV !
LES PREMIERS CHARS, OU « TANKS », SONT MIS AU POINT PAR LES ANGLAIS. PROTÉGÉS PAR UN BLINDAGE ET ÉQUIPÉS DE CHENILLES, ILS ATTAQUENT DANS LA SOMME ET SÈMENT LA PANIQUE CHEZ LES ALLEMANDS. MAIS ILS SONT TROP LOURDS. LES CHARS FRANÇAIS, FABRIQUÉS PAR RENAULT, SONT TRÈS EFFICACES POUR FRANCHIR LES BARBELÉS.
ENTRÉE
HUBLOT DU CONDUCTEUR
TOURELLE PIVOTANTE
CHENILLES
QUEUE

Août 1918. Les Allemands perdent du terrain. N'ayant plus de réserves, ils ne peuvent plus se reposer alors que les Alliés sont régulièrement relevés par les Américains.
Ouf ! Enfin voilà les Américains !
Peu à peu, les soldats allemands, démoralisés, renoncent à se battre, se rendent ou sont faits prisonniers.
Ludendorff ordonne à ses hommes de se replier en bon ordre. Ils évacuent le matériel de guerre, détruisent les mines, les usines et les voies de communication.
Ils détruisent tout, ces chiens !
Ils vont le payer !
Les alliés de l'Allemagne s'effondrent. Bulgarie, Empire ottoman, Autriche-Hongrie... tous sont battus et doivent capituler.
Les Bulgares sont vaincus par l'armée d'Orient !
Ils sont kaputt !
La Hongrie se sépare de l'Autriche !
L'Allemagne ne peut lutter seule. Ses généraux pressent l'empereur Guillaume II de cesser le combat. Mais il a du mal à admettre la défaite.
La partie semble perdue, il faut demander l'armistice !
Des émeutes révolutionnaires éclatent à Berlin le 9 novembre. Elles obligent le Kaiser à abdiquer. Le 11 novembre 1918, l'armistice est signé dans un wagon à Rethondes, dans la forêt de Compiègne.

La France sort victorieuse de la guerre, mais la victoire se paye de 1,4 million de morts, un désastre qui la touche en proportion davantage que les autres pays. Ces morts laissent des milliers de veuves et d'orphelins.
On compte plus d'un million de blessés et d'invalides. Parmi eux, ceux que l'on surnomme les « gueules cassées » sont terriblement mutilés et meurtris à vie.
Toi aussi, tu es décoré ?
Ouais… et ça me fait une belle jambe…
400 000 civils, affaiblis par les privations, meurent de la grippe espagnole en 1918. La vitalité du pays est brisée, son taux de natalité s'effondre.
Maintenant, nous voici un pays de vieux.
Les destructions sont énormes : des milliers de maisons et d'usines détruites, des voies ferrées, routes, ponts, mines inutilisables… Des millions d'hectares de terres impropres à la culture.
Comment voulez-vous que je cultive ça ? C'est truffé de bombes !
Les finances de la France sont dans un état désastreux, le pays est endetté et sa monnaie, le franc, a perdu la moitié de sa valeur entre 1914 et 1919.
Nous avions des économies avant la guerre…
Ça ne vaut plus rien !
La France, représentée par Clémenceau, se montre intransigeante lors de la conférence de la paix qui s'ouvre en janvier 1919 au château de Versailles. À ses côtés siègent les vainqueurs, dont les États-Unis.
C'est Wilson, le président américain !
Le premier président américain à venir en Europe.

*Cela nous est dicté, imposé !

Quelques dates à retenir !

28 juin 1914
Assassinat de François-Ferdinand,
l'héritier de l'Empire d'Autriche à Sarajevo.

1er août 1914
Mobilisation générale en Allemagne et en France suivie, 2 jours après,
par la déclaration de guerre de l'Allemagne à la France.

6 au 9 septembre 1914
Bataille de la Marne.

17 novembre 1914
Fin de la course à la mer et début de la guerre des tranchées.

22 avril 1915
Utilisation pour la première fois des gaz asphyxiants
par les Allemands en Belgique.

21 février-18 décembre 1916
Bataille de Verdun.

1er juillet-18 novembre 1916
Bataille de la Somme.

2 avril 1917
Entrée en guerre des États-Unis.

Avril-mai 1917
Vagues de mutineries dans l'armée française après l'échec
de l'offensive du Chemin des Dames.

21 mars 1918
Reprise des offensives par les Allemands.

26 septembre 1918
Foch lance la contre-offensive générale sur le front occidental.

11 novembre 1918
Signature de l'armistice par l'Allemagne.

28 juin 1919
La conférence de la paix réunie depuis janvier s'achève
par la signature du traité de Versailles.

PORTRAITS DE FAMILLE

GUILLAUME II
(1859-1941)

Empereur d'Allemagne et roi de Prusse, il a des ambitions de grandeur pour son pays et mène une politique diplomatique et coloniale agressive. Pendant la guerre, il rassemble la nation derrière lui. En novembre 1918, la révolution le renverse et le force à l'exil. La République est proclamée.

GEORGES CLÉMENCEAU
(1841-1929)

Ce Vendéen, médecin, homme politique et journaliste surnommé *le Tigre* met toute son autorité et son expérience au service de la France quand il devient président du Conseil, en novembre 1917. Il visite le front, soutient Foch et négocie avec fermeté le traité de Versailles. Ce qui lui vaut un deuxième surnom : *le Père la Victoire*.

PHILIPPE PÉTAIN
(1856-1951)

La guerre donne à ce chef militaire âgé de 58 ans l'occasion de sortir de l'ombre. À Verdun, il organise la défense, stimule les troupes. En 1917, il fait cesser les offensives inutiles, met un terme aux mutineries et gagne une grande popularité auprès des soldats. En 1918, il est fait maréchal. Sa gloire est alors immense.

FERDINAND FOCH
(1851-1929)

Ce chef militaire enseigne l'offensive à outrance : une façon de faire la guerre qu'il applique en 1914 et 1915 avec des succès et des échecs comme la bataille de la Somme. En 1918, généralissime des armées alliées et maréchal de France, il reçoit en vainqueur les Allemands qui signent l'armistice. Jusqu'à sa mort, il est auréolé d'un grand prestige.

MANFRED VON RICHTHOFEN
(1892-1918)

Cet aviateur allemand est le plus célèbre de la guerre. À bord de son avion rouge vif, il remporte 80 victoires. Ce qui lui vaut le surnom de *Baron rouge*. Il débute la guerre comme officier de cavalerie et rejoint la toute nouvelle armée de l'air où il apprend à pratiquer la chasse aérienne. Il tombe au-dessus des lignes ennemies en avril 1918.

WOODROW WILSON
(1856-1924)

Président démocrate des États-Unis en 1912 puis réélu en 1916, il engage son pays dans la guerre en avril 1917 et décide de participer lui-même à la conférence de la paix en 1919 à Paris. Idéaliste, cet apôtre de la paix a l'ambition de bâtir un ordre international nouveau. Mais la réalité montre qu'il est fragile et contesté.

COMBATTRE SUR LE FRONT

Elle est bien finie, la façon de faire la guerre comme autrefois ! Quand les armées s'enterrent et s'enlisent dans la boue des tranchées, c'est l'apprentissage de nouvelles formes de combat encore plus brutales, encore plus terrifiantes...

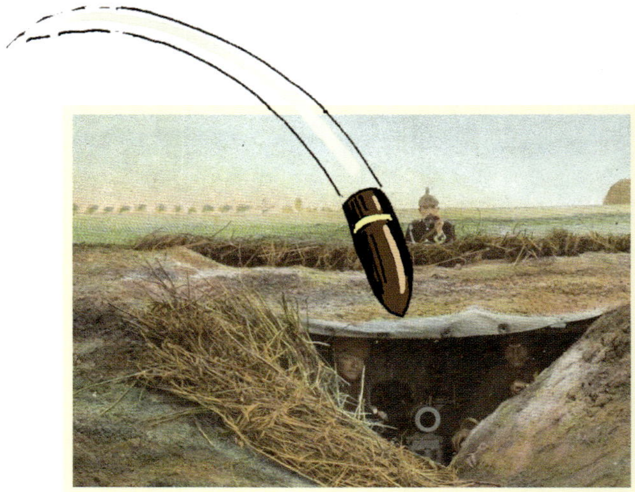

Pièce d'artillerie allemande dissimulée sous une toile.

Sous le déluge de feu

L'artillerie fait la loi sur les champs de bataille. Elle ne se contente plus d'appuyer les attaques mais de les préparer en arrosant l'ennemi d'un feu roulant d'obus. Le canon 75, fierté de l'armée française, n'est plus suffisant. L'artillerie lourde capable d'envoyer des obus très lourds à plusieurs kilomètres devient déterminante pour atteindre les barbelés, les tranchées et les abris bétonnés. **Les engins les plus gros ont une portée supérieure à 15 km.** Montés sur des plates-formes, ils sont installés sur les voies ferrées. Une dizaine de soldats est nécessaire pour les faire fonctionner.

Quant à l'artillerie des tranchées, elle est fabriquée à la hâte, comme le « crapouillot » qui lance des **torpilles à ailettes** en suivant une trajectoire courbe. Démultipliée, cette puissance de feu a des conséquences terribles.

Torpille à ailettes, deux obus et grenade.

Le camouflage : tout un art

Lorsque l'ennemi est proche de quelques dizaines de mètres, **il faut pouvoir l'observer sans être vu, se camoufler et le tromper aussi.** On transforme les uniformes pour les rendre moins visibles. On fait appel à des spécialistes (peintres, sculpteurs, décorateurs) pour camoufler le matériel. Filets cache-canons, toiles peintes, banderoles de tissus, lignes brisées peintes sur les bateaux ou les avions sont leurs procédés trompe-l'œil.

S'y ajoutent **les leurres** : canons, chars en carton ou en plâtre, faux cadavres de chevaux ou de soldats, arbres évidés dissimulant des observateurs ou des postes d'observation.

Dans le ciel : les duels des as

Lorsque l'on parvient à monter, à l'avant des avions, des mitrailleuses, à synchroniser leur tir avec les hélices, l'aviation a une nouvelle fonction : **prendre en chasse les avions ennemis et leur livrer bataille au-dessus des lignes.** Au début de la guerre, des aviateurs se livrent des duels acharnés dans les airs.

Parmi eux, **les as** sont ceux qui ont remporté au moins cinq victoires à l'issue de combats aériens. Les Français René Fonck, Charles Nungesser, Georges Guynemer pulvérisent les records. Mais leur ennemi, **le « Baron Rouge »** restera le plus redoutable et le plus glorieux d'entre tous.

Georges Guynemer (1894-1917)

Alerte ! Les gaz !

Cette nouvelle arme est terrifiante. Même si son emploi est interdit par une convention internationale de 1899, elle est utilisée par les Allemands pour la première fois à Ypres en Belgique le 22 avril 1915. 150 tonnes de gaz sont déversées en nappes dérivantes vers les lignes où les soldats, en proie à une terreur panique, sont cloués sur place.

Masque à gaz.

Très vite, les Alliés s'équipent de **masques,** cherchent des moyens pour disperser les nappes de gaz. Mais l'horreur chimique fait des progrès. En 1917, des **obus asphyxiants** sont envoyés sur les Alliés. Ils émettent une concentration forte et lourde de **« gaz moutarde »** qui ne se disperse qu'au bout de plusieurs heures. En raison des moyens de protection vite perfectionnés, cette arme n'a pas été la plus mortelle. Mais par sa nouveauté et ses effets, elle représente un pas de plus dans l'escalade des atrocités.

Comment communiquer sur le front ?

On a recours à des moyens traditionnels. **Le clairon traduit en musique les ordres** (rassemblement, garde-à-vous, cessez-le-feu) qui doivent être transmis à l'aide de sonneries différentes. Lorsque des soldats sont cernés par l'ennemi, **le pigeon voyageur** reste parfois l'unique et l'ultime moyen de communiquer. Ainsi lors de la prise du fort de Vaux, à Verdun, en 1916, un pigeon transmet un message des défenseurs demandant de l'aide.

Mais, en raison des progrès dans les transmissions, le **téléphone de campagne** est largement utilisé. À l'aide de leurs bobines de fils qu'ils déroulent derrière eux, les téléphonistes suivent les vagues d'assaut. Ils doivent veiller à ce que les hommes, à l'avant du front, soient toujours en relation avec le commandement. À leurs risques et périls.

Téléphone de campagne.

DANS LES TRANCHÉES

Pendant 4 ans, les soldats « tiennent ». Ils survivent parce qu'ils ne sont pas seuls : compagnons de tranchées originaires d'une province proche ou d'une colonie lointaine, membres de la famille à qui ils écrivent régulièrement…

Avec les troupes coloniales

Elles fournissent à la France et à la Grande-Bretagne, les deux grands empires coloniaux alliés, des renforts militaires massifs. **600 000 combattants débarquent en France des quatre coins du monde.** Qui sont-ils ? Des Maghrébins (d'Algérie, du Maroc, de Tunisie), des Sénégalais (qui ne venaient pas seulement du Sénégal mais de toute l'Afrique occidentale française), des Malgaches (de Madagascar), des Indochinois, des Antillais, des Guyanais et des Réunionnais, etc. Alors qu'ils sont arrachés à leur terre natale éloignée de milliers de kilomètres, **ils montrent une grande ardeur au combat.**

Mais en hiver, ils supportent mal les tranchées d'où ils sont retirés en grand nombre. À ces soldats s'ajoutent les **200 000 travailleurs** appelés en renfort sur le front et à l'arrière.

« Je vous écris des tranchées »

La guerre de position impose de longs moments d'attente entre les périodes de combat. Beaucoup de soldats les occupent à écrire. Des lettres, des journaux intimes, des carnets illustrés de dessins… **Plusieurs millions de lettres et cartes postales sont expédiées gratuitement et quotidiennement.** Ce qui fait un total de plus de 10 milliards pendant toute la guerre. Cette correspondance permet aux hommes du front de garder un lien vital avec l'arrière, de conserver leur humanité en dépit de tout.

Les animaux dans la guerre

La guerre des tranchées démontre vite l'inutilité de la cavalerie, mais pas du cheval présent et utilisé tout au long de la guerre (8 millions). **Il est employé pour transporter les hommes, le ravitaillement, les munitions, pour tracter les canons** sur les terrains accidentés et boueux, tirer les ambulances...

Sa présence réconforte les soldats, renforce le moral sur le front, tout comme d'ailleurs d'autres animaux que des combattants adoptent pour **leur tenir compagnie.** C'est le cas de chiens, de chats errants, de corbeaux apprivoisés, de hérissons ou d'ânes qui deviennent vite les mascottes d'unités. Les aviateurs qui ne peuvent embarquer des animaux vivants se contentent d'animaux en peluche.

Chiens messagers.

« Douce nuit, sainte nuit ! »

On sait aujourd'hui que des trêves, des fraternisations ont eu lieu entre fin 1914 et début 1918. Des soldats des armées ennemies se font face sans tirer un coup de fusil. Ils s'avancent, se rencontrent entre les lignes, et se parlent, échangent du tabac ou du vin. D'autres demandent seulement un moment de répit pour ramasser leurs blessés et leurs morts. Dans tous les cas, il s'agit de mouvements spontanés, de courte durée, que les chefs taisent et n'osent pas réprimer.

Noël 1914 donne lieu à un phénomène unique et massif de pause dans les combats. Dans certaines tranchées des Allemands entonnent des chants de Noël qui sont aussitôt repris par les soldats de la tranchée opposée, dans leur propre langue. Il apparaît alors à ces hommes, ennemis ou alliés, qu'ils sont avant tout des combattants partageant le même sort.

« Adieu, la vie, adieu l'amour... »

Ce sont les premiers mots de **la chanson de Craonne interdite par le commandement militaire français,** et ce jusque dans les années 1970. Elle est composée lors de l'offensive du Chemin des Dames en avril 1917, le plateau picard où se trouve le village de Craonne, théâtre d'une bataille terriblement meurtrière. Les soldats qu refusent de repartir à l'assaut l'entonnent, comme ceux qui, par la suite, mettent en l'air la crosse de leurs fusils et font la grève de la guerre en se mutinant. *« C'est à Craonne, sur le plateau / Qu'on doit laisser sa peau / Car nous sommes tous condamnés / C'est nous les sacrifiés. »*

FEMMES DANS LA GUERRE

Elles sont nombreuses celles qui s'opposent à l'occupation allemande, mais elles ne sont pas très connues. À l'époque, on ne les appelle pas « résistantes », mais on emploie plutôt le terme d'espionnes pour les désigner.

Louise de Bettignies

Cette femme audacieuse parlant couramment l'anglais, l'allemand et l'italien quitte Lille au début de la guerre pour se réfugier à Saint-Omer où elle soigne des blessés. Là, elle décide de s'engager dans le service de **renseignements britannique** sous le nom d'Alice Dubois. Dès lors, installée en Belgique, **elle dirige le « réseau Alice » regroupant 80 agents :** employés de chemins de fer ou des postes, chauffeurs, médecins, prêtres chargés de surveiller les trains, repérer les batteries de canons ou les dépôts de munitions, faire passer des soldats alliés aux Pays-Bas. En octobre 1915, elle est arrêtée et emprisonnée en Allemagne où elle meurt des suites d'une maladie, le 27 septembre 1918.

Femmes et enfants assurent la totalité des travaux agricoles.

Gabrielle Petit

De nationalité belge, elle a 21 ans lors de l'invasion de la Belgique par les troupes allemandes en août 1914. Son fiancé est fait prisonnier et s'évade pour rejoindre l'armée belge. Gabrielle l'aide à passer par les Pays-Bas, puis l'Angleterre, avant de rejoindre le nord de la France. À Bruxelles, en 1915, elle accepte une mission d'espionnage : **recueillir et transmettre aux états-majors alliés les positions et mouvements de troupes allemandes** autour de Maubeuge et de Lille. Une première fois, elle est arrêtée par la police secrète allemande et relâchée. Pendant plusieurs mois, sous le nom de **Mademoiselle Legrand,** elle poursuit ses missions jusqu'en janvier 1916 où elle est de nouveau arrêtée. Condamnée à mort par un tribunal militaire allemand, elle est fusillée en avril 1916.

Mata Hari, le jour de son arrestation, le 13 février 1917

Mata Hari : du mauvais côté

Cette femme hollandaise au teint basané, née en 1876, est connue dans toute l'Europe comme **danseuse de charme**, sous le nom de Mata Hari. Au début de la guerre, elle voyage librement à travers l'Europe, comme le statut neutre de son pays d'origine le lui permet. C'est alors qu'une **mission d'espionnage** lui est confiée par l'armée française. Mata Hari l'exécute sous son nom de code **(Agent H-21)**, tout en continuant à côtoyer des hauts gradés de l'armée allemande, ce qui suscite la méfiance des deux côtés. Elle est finalement arrêtée et accusée d'espionnage pour le compte des Allemands. En 1917, au moment où l'armée française subit des échecs militaires et des mutineries, Mata Hari est fusillée.

Femmes : vraiment émancipées ?

Les femmes françaises n'ont pas attendu la guerre pour travailler. Elles sont près de 8 millions. Mais, **pour la première fois, elles peuvent obtenir des postes jusque-là réservés aux hommes :** conduire des tramways ou des ambulances, fabriquer des obus, réparer des machines. Et elles ne sont plus cantonnées dans des domaines comme l'habillement. Si, en apparence, elles paraissent plus libres (abandon du corset, coiffure à la garçonne, vêtements plus courts), elles ne sont pas émancipées pour autant.

Le retour des soldats démobilisés et l'arrêt des usines de guerre les privent de leurs emplois. Et de leur rôle qui les valorisait. **Les Françaises doivent attendre 1945 pour obtenir le droit de vote.** C'est chose faite pour les femmes britanniques et allemandes dès 1918 et 1919.

Pendant quatre ans, les usines d'Europe accueillent surtout les femmes.

LA GRANDE GUERRE EN CHIFFRES

- **45 millions d'obus** tirés à Verdun entre février et décembre 1916.
- **20 millions de combattants** sont blessés au moins une fois.
- **2,5 millions de tonnes de marchandises** (métaux, riz, bois, café) sont fournies par les colonies françaises pendant la guerre.
- **2 millions de soldats américains** sont sur le sol européen en novembre 1918.
- **1,3 million de soldats français morts** au cours de la guerre.
- **1 million de tués, blessés et disparus** lors de la bataille de Verdun en 1916.
- Sur un total d'un million d'invalides en France, **100 000 sont de grands invalides,** parmi eux 15 000 sont mutilés de la face.
- **36 000 monuments aux morts** élevés dans l'ensemble des communes françaises (chiffre à multiplier par 4 ou 5 si on compte ceux élevés par les églises, les entreprises, les écoles).
- **450 balles tirées par minute,** c'est la capacité de la mitrailleuse allemande « Maxim », l'arme la plus meurtrière sur les champs de bataille.
- **302 jours de combat** à Verdun en 1916.
- **263 cimetières militaires** construits pour enterrer 650 000 soldats français.
- **11 départements français** abritent en 1919 une « zone rouge », appellation donnée à des champs de bataille marqués par les destructions, la présence de milliers de cadavres et de millions de munitions non explosées : les activités y sont interdites.

SURVIVRE ET HONORER SES MORTS

L'armistice signé, les soldats et les prisonniers ne rentrent pas pour autant. Il faut attendre de longs mois avant de les voir revenir. Quant aux autres familles, elles ont déjà commencé à faire le deuil de ceux qui ne reviendront jamais.

Le retour des prisonniers

Jamais dans une guerre, il n'y a eu autant de prisonniers et jamais la durée de la captivité n'a été aussi longue. Après avoir passé parfois quatre ans dans des camps, ils rentrent fin 1918-début 1919. Ce sont des hommes épuisés par le travail forcé aux champs, dans les usines ou les mines. Des hommes amaigris par les privations et minés par leur condition de prisonniers alors que leurs compagnons combattaient au front. On les regarde avec méfiance. Parmi eux, n'y aurait-il pas des déserteurs ?

Les prisonniers de guerre allemands sont gardés en France jusqu'à **la signature du traité de Versailles (28 juin 1919)**. Ils servent de gage.

Prisonniers français du 79e RI à Stuttgart (Allemagne) en 1915

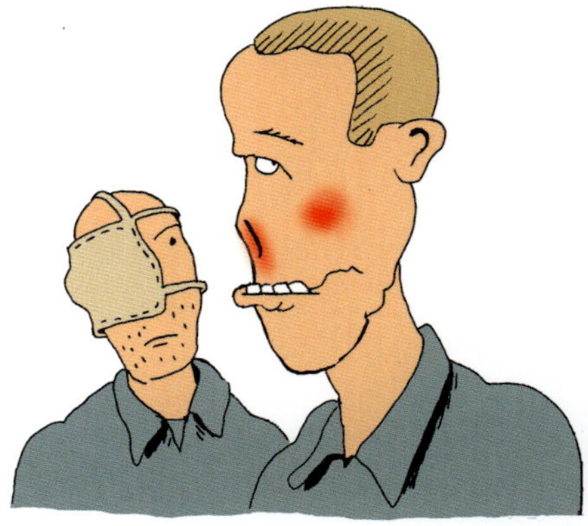

Secourir les « gueules cassées »

Un millier de mutilés et de « gueules cassées » ouvrent le défilé de la victoire, le 14 juillet 1919. Ils sont les symboles vivants et tragiques de cette guerre destructrice.

30 à 60 % des mobilisés sont atteints par des blessures physiques mais aussi morales. Ce qu'on appelle la **« névrose des combats »**, c'est-à-dire les dégâts liés au choc, à la brutalité des combats, est une maladie courante, peu reconnue et mal soignée. De nombreuses associations viennent en aide aux mutilés et aux anciens combattants, comme l'Union Fédérale des Mutilés ou l'Union nationale des combattants, qui comptent chacune plus de 800 000 membres. Elles pèsent de tout leur poids auprès du ministère des Anciens combattants, créé en 1920, pour que les blessés reçoivent une pension et qu'à tous les soldats soit délivrée une carte de combattant et versée une retraite.

Le deuil de masse

Pendant la guerre et plusieurs années après, la France est en deuil. **Pour chaque soldat tué, on compte près d'une dizaine de personnes touchées de près.** Les habits noirs sont partout présents et les cimetières peuplés de visiteurs aux visages tristes. Ces lieux sont situés dans les zones proches des combats. Ils rassemblent des tombes individuelles où figure **la mention « mort pour la France » instituée par l'État en 1915** qui décide de prendre à sa charge leur entretien à perpétuité.

Après la guerre, les familles ont droit au rapatriement gratuit du corps de leurs disparus dans les cimetières de leurs villages ou de leurs villes.

OZANNE André
20 Ans Capor. 169e Infanterie
MORT POUR LA FRANCE
au bois le Prêtre
le 13 Mai 1915

Les cimetières militaires

Beaucoup de morts sont regroupés par nationalité dans de vastes cimetières militaires ou nécropoles disséminés dans tout le nord-est de la France. **263 cimetières français** mais aussi beaucoup d'autres rassemblant les Britanniques aux côtés des soldats de l'Empire, ceux des Américains, ceux des Belges, ceux des Italiens, ceux des Allemands... Chaque nation qui a combattu possède en terre de France ses propres lieux du souvenir.

Les monuments aux morts

Pour honorer ses disparus, chaque commune fait élever des monuments aux morts. Une pratique déjà en usage en France et en Allemagne après la guerre de 1870 qui se généralise. En France, c'est une vraie fièvre de construction puisque des centaines de milliers sortent de terre : sur la place du village, dans le cimetière, mais aussi dans les églises, les entreprises, les gares, les écoles...

Le soldat inconnu

La France, comme d'autres nations, décide d'honorer l'un de ses soldats qui symbolise tous les autres tués au cours de la guerre. Lors d'une cérémonie dans la citadelle de Verdun, le 10 novembre 1920, il est désigné par un ancien combattant parmi huit corps de soldats qui n'ont pu être identifiés. Le lendemain, le 11 novembre, le cercueil est déposé **sous l'Arc de Triomphe à Paris :** un lieu de recueillement à la fois national et personnel où des milliers de Parisiens émus affluent.

En 1923, **une flamme est allumée.** Depuis lors, elle est ravivée chaque soir à 18h30. C'est le Comité de la flamme qui assure cette tâche.

Le bleuet et le coquelicot (*poppy*) sont, en France comme en Grande-Bretagne, les fleurs du souvenir.

Le 11-Novembre : une fête nationale

La loi du 24 octobre 1922 fait officiellement du **11 novembre, jour où est signé l'armistice en 1918,** une fête nationale et un jour férié. On y célèbre davantage **la fin de la guerre et le souvenir des morts** que la victoire. De nombreuses commémorations ont lieu en présence des poilus. Le dernier en France, Lazare Ponticelli, est mort en 2008. Depuis 2012, le 11-Novembre est une journée d'hommage élargie à tous les Morts pour la France.

François Mitterrand et Helmut Kohl.

À Verdun, 70 ans après

Lors de la 70ᵉ commémoration de la bataille de Verdun, le 22 septembre 1984, François Mitterrand, président de la République française et Helmut Kohl, le chancelier allemand, font un geste symbolique sur le lieu même de la bataille la plus meurtrière de la Première Guerre mondiale.

Ils se tiennent la main en signe de réconciliation et d'amitié, les meilleurs garants de la paix entre les deux nations.

Casques allemand et français.

7 erreurs, absurdités ou anachronismes ont été volontairement glissés dans ce dessin. Sauras-tu les retrouver ?

Réponses (de haut en bas de l'image) : 1. Il n'y avait pas d'hélicoptères pendant la Première Guerre mondiale. **2.** Un soldat porte un casque de motard. **3.** Un soldat transporte un pack de 6 bouteilles d'eau minérale. **4.** Un autre réchauffe son repas sur une bonbonne de gaz. **5.** Le téléphone mural est trop moderne. **6.** Ce modèle de poste de radio « transistor » n'existe pas à l'époque. **7.** Les soldats qui jouent aux cartes disposent d'un radiateur de chauffage central.

Cimetière et ossuaire de Douaumont

Les champs de bataille

En France, du nord au sud du front :

- **Pas-de-Calais :** Notre-Dame-de-Lorette, Vimy.
- **Somme :** Longueval, Thiepval.
- **Aisne :** La Butte Chalmont, Château-Thierry, Le Chemin des Dames.
- **Marne :** Dormans, Mondement, Fort de la Pompelle, Suippes.
- **Ardennes :** Vrigne-Meuse.
- **Meuse :** Les Éparges, Montfaucon, le Saillant de Saint-Mihiel, Vauquois, Verdun et ses multiples lieux (citadelle, fort de Douaumont, bois des Caures, fort de Vaux, de Souville, Froideterre, Thiaumont, Mort-Homme, côte 304, villages détruits).
- **Meurthe-et-Moselle :** Champenoux, Le Léomont, Vitrimont.
- **Moselle :** Morhange.
- **Haut-Rhin :** Veil Armand, Le Linge.

Les grands cimetières ou nécropoles

Innombrables (plusieurs centaines), les plus grands se trouvent à proximité des champs de bataille et regroupent les disparus par nationalité.

Dans la plupart s'élèvent des monuments imposants, œuvres de grands sculpteurs. Le plus impressionnant est peut-être l'ossuaire de Douaumont qui renferme les restes de 130 000 soldats inconnus. Il est entouré d'un cimetière de 16 000 tombes de soldats français.

Les musées

- Musée de l'Armée, Hôtel des Invalides, Paris 7e
- Mémorial de Verdun (Meuse)
- Musée de la Grande Guerre du Pays de Meaux (Seine-et-Marne)
- Historial de la Grande Guerre, à Péronne (Somme)
- Musée de l'Armistice 14-18, près de Compiègne (Oise)
- Musée Somme 1916, à Albert (Somme)
- Musée de la butte de Vauquois (Meuse)
- Centre d'Interprétation Marne 14-18, à Suippes (Marne)
- Musée vivant 14-18, à Ablain-Saint-Nazaire (Pas-de-Calais)
- Musée Militaire de la Targette, à Neuville-Saint-Vaast (Pas-de-Calais)
- Musée du fort de la Pompelle (Marne)
- Musée du Poilu à Cormatin (Saône-et-Loire)